Yf 12676

SIMPLE LETTRE

Extraite du Moniteur Viennois

N° DU 21 SEPTEMBRE 1860.

SIMPLE LETTRE

SUR

CE QUI PLAIT AUX FEMMES

PIÈCE EN 3 ACTES

DE M. F. PONSARD.

VIENNE

IMP. ET LITH. DE J. TIMON, MONTÉE DES CAPUCINS, 7.

1860

SIMPLE LETTRE

SUR

CE QUI PLAIT AUX FEMMES

Pièce en 3 actes,

DE M. F. PONSARD.

A M. JOSEPH TIMON, DE VIENNE.

Lyon, ce 10 septembre 1860.

La nouvelle œuvre de M. Francis Ponsard, votre illustre compatriote, jouée sur la scène du Vaudeville à Paris, le trente juillet dernier, a enfin paru ici chez les libraires. Je vous prie de croire, mon cher directeur, que, sitôt que j'ai eu aperçu la petite affiche bleue se prélasser derrière la vitrine de Méra, je me suis empressé d'acheter la pièce et de la lire.

Ce sont les résultats de cette lecture que je me permets de vous adresser, dans l'espoir que vous voudrez bien les insérer dans votre estimable journal, où naturellement se trouve marquée, en première ligne, la place de tout éloge du poëte dont Vienne est fière d'être la ville natale, comme la France entière est glorieuse d'être sa patrie.

Ce qui plaît aux Femmes — tel est le titre de l'ouvrage, qui est moins une comédie que ce qu'on appelle, de nos jours, une pièce genre mixte, tenant à la fois du drame et de la comédie.

Que les critiques moroses se récrient de toute la force de leurs poumons sur la conduite de l'intrigue dans cette pièce, nous les laisserons se morfondre dans leur prose pâteuse pour joindre notre faible voix à celle du public qui a applaudi l'œuvre et l'écrivain. J'aime mieux voyager dans le pays de la fantaisie avec un guide qui sait tantôt me faire sourire, tantôt me faire pleurer, en me racontant les légendes de la contrée, que de courir sans cesse les rues de la même ville, si belles et si larges qu'elles soient, avec un cicerone ennuyeux.

Tout d'abord nous préviendrons le lecteur que nous ne sommes plus ici ni chez M. Mercier, ni chez l'agent de change De Latour : le héros de la pièce n'est plus ni le chevaleresque Georges, ni le studieux Léon Desroches ; ces nobles figures ne peuvent parler que la belle langue poétique de la *Bourse* et de *l'Honneur et l'Argent*. L'auteur nous introduit dans le boudoir élégant d'une jeune femme, belle, riche et titrée, mais déjà blasée, malgré ses vingt-cinq ans. Madame la comtesse s'ennuie, s'ennuie à mourir. Et n'allez pas rire en l'écoutant se plaindre, comme fait son cousin Gontard, l'homme raisonnable de la pièce, car elle vous énumérerait aussitôt les mille bonnes raisons qu'elle a de se trouver malheureuse. Rien de si aimablement égoïste que ces plaintes de l'enfant gâtée de la fortune : sa femme de chambre a été d'une maladresse insigne en l'habillant ; elle a cherché partout divers objets, sans parvenir à mettre la main dessus ; son fermier lui écrit que, la saison ayant été mauvaise, il ne peut lui envoyer son fermage. Ceux qui n'ont pas de terres sont bien heureux ! s'écrie-t'elle. La bise qui souffle dans le jardin agace ses nerfs et la pousse aux idées sombres.

Elle ne pense pas, la belle affligée, qu'elle est assise au coin d'un bon feu !

Mais Gontard, l'enfant du peuple, le parvenu du travail, après avoir souri d'abord à ces plaintes hors de saison, fatigué de cet égoïsme de l'esprit qu'il craint de voir dégénérer en égoïsme du cœur :

— Ne songez-vous jamais que tout le monde n'a pas un fauteuil moelleux devant des bûches embrasées ? demande-t-il aussitôt à sa cousine — car la comtesse est sa cousine. — L'hiver, qui dépose ces cristaux sur votre fenêtre et ces franges sur vos arbustes, paralyse les membres des vieillards et ravage la poitrine des jeunes filles. — La pièce commence par un appel au cœur, elle finira par une bonne action. — Quand une voiture capitonnée, boudoir ambulant, vous emporte par les vieilles rues de Paris, si vous leviez les yeux vers les toits, continue Gontard, vous y verriez des mansardes où l'on souffre et l'on pleure ; là sont de pâles ouvrières que la suspension de leurs travaux réduit au désespoir ; des couturières cousent sans feu, par ce vent glacé, et l'aiguille échappe à leurs doigts engourdis ; des blanchisseuses plongent leurs bras dans l'eau froide. Ne sont-elles pas plus à plaindre encore que vous, et que diriez-vous si vous étiez à leur place ?

— Je ne suis pas faite comme elles à ce genre de vie ; l'habitude les rend presque insensibles à ce qui nous tuerait, réplique la comtesse de la meilleure foi du monde. — Ce n'est pas dureté de cœur chez elle, pas même manque de sensibilité ; la jeune femme ne croit pas qu'on puisse mourir de faim, voilà tout ! Elle sait que dans chaque arrondissement il y a un bureau de bienfaisance, et se figure qu'il peut suffire à toutes les misères. Elle-même ne fait-elle pas preuve de charité ; elle est dame patronesse ; au besoin elle fait la quête pour les pauvres, un peu par amour-propre, il est vrai, mais, enfin, la fin, quand elle est aussi louable, excuse si bien les moyens ; elle joue des proverbes au bénéfice des pauvres; elle doit même chanter son grand air de *Norma* dans un concert au profit des orphelines. Elle est bienfaisante comme une grande dame, et non comme une sœur de charité. N'ayant jamais vu de près la misère, n'ayant jamais passé une nuit entière dans une de ces mansardes désolées par la faim, où gît sur un grabat une pauvre jeune fille que l'excès du travail et des privations a tuée, il faut, dit-elle, des pauvres pour travailler et des riches pour faire vivre ceux qui travaillent. — Sans doute, mais souvenez-vous des déshérités, vous qui jouissez de la fortune, lui répondrons-nous avec Gontard.

Qu'on nous pardonne de tant nous appesantir sur ces détails; on ne saurait trop approfondir les œuvres consciencieuses; il y a tant de beautés, de délicatesses, de choses charmantes qui échappent à une première lecture, et que l'on est tout étonné de trouver en relisant l'ouvrage ! La meilleure manière, d'ailleurs, de faire apprécier un livre, n'est pas, je crois, de dire qu'il est bon, car tout homme a le droit de le trouver mauvais, si tel est son avis, c'est de citer, de citer beaucoup à l'appui de chaque jugement que l'on émet ; j'userai, j'abuserai même du moyen, persuadé que vos lecteurs, mon cher collaborateur, me sauront doublement gré de leur avoir épargné mon humble prose pour y substituer la langue belle et sonore de notre grand poëte.

Mais revenons à notre comtesse. A cause de son titre, de sa fortune et de sa beauté, triple auréole qui ceint son front, la grande dame est assiégée d'adorateurs. Elle n'en aime aucun particulièrement, et, comme elle le dit à son cousin Gontard, il lui importe d'être jeune et belle, parce qu'il lui importe qu'on la voie entourée de ses amies ; il lui importe d'avoir des esclaves qu'elle tourmente, qu'elle rend jaloux les uns des autres, et qui supportent sa mauvaise humeur quand elle éprouve le besoin de se venger de quelque chose sur quelqu'un. Cela flatte l'amour-propre, ajoute-t-elle, et cela aide à passer le temps.

Le premier des prétendants de la comtesse est le comte de Flévieux. S'il n'est ni le plus jeune, ni le plus brillant, il est à coup sûr le plus aimant, et, par contre, le moins aimé. Il en est ordinairement ainsi.

Le vicomte de Luzinay, le marquis d'Artas, M. de Vaugris — (remarquez avec moi l'origine viennoise des noms de ces messieurs, et remercions-en l'auteur), — sont trois jeunes gens à la mode, les marquis de cette nouvelle *École des Femmes*.

M. de Luzinay, le sportmann vainqueur des dernières courses de la Marche, ne parle que de meutes et de steeple-chases, ne jure que par *Duc de Mayenne*, son fameux coureur.

M. de Vaugris, le plus ridicule des trois, est un fat, un gandin, comme on dit à Paris dans le style des petits journaux et dans le monde interlope (qu'on me pardonne donc le mot); il va au bois et passe pour aimable auprès des petites dames.

Quant à M. d'Artas, le cousin *noble* de la jolie comtesse, c'est.... un joli garçon. Mais ne soyons pas médisant à son égard, à cause de son *proverbe-féerie*.

Nous arrivons au dernier des prétendants, et le moins prétendant des cinq, à Gontard, le cousin *roturier* de la jeune veuve ; le bourgeois qui pense seul en grand seigneur au milieu de grands seigneurs qui pensent tous en petits bourgeois ; il est roturier, et auprès de certaines femmes, comme pour certains hommes, être roturier est le pire des vices. La comtesse n'est pas exempte de ce préjugé, et dans le premier acte nous la voyons traiter assez cavalièrement son cousin Gontard ;

si elle lui demande pourquoi, lors de son premier mariage, il n'a point recherché sa main, c'est tout simplement par désœuvrement, et parce que, après tout, la brigue de son petit cousin eût été un hommage de plus pour elle. Gontard, qui sait qu'il a un nom roturier, et qu'il n'est pas riche, deux raisons plus que suffisantes pour ne pas s'exposer à un refus certain, Gontard est peu empressé auprès de sa cousine; il ne nourrit, d'ailleurs, aucune espérance; il est assez sage et assez fier pour ne pas courir après un affront.

On voit d'ici que la pièce de M. Ponsard, en mettant en présence tous ces prétendants, et en donnant la victoire à Gontard, a une plus haute portée encore que la charité : ce n'est point seulement de la *morale en action*, comme ont osé le dire certains critiques parisiens, qui n'ont seulement pas lu le livre; c'est un combat, un duel entre les vieilles idées et les nouvelles, entre la Noblesse dégénérée et la Bourgeoisie parvenue, combat d'où cette dernière, en la personne de Gontard, sort enfin victorieuse; en un mot, c'est l'histoire de la révolution qui s'accomplit peu à peu, depuis un siècle, dans la nation française. Un beau nom sert toujours, dit-on communément : c'est vrai quant aux positions subalternes; mais repassez les listes des ministres, du sénat, des généraux, de tous les hauts corps constitués, et vous y verrez dominer l'élément bourgeois, qui s'est élevé à force de travail et d'études.

— Mes prétendants m'excèdent déjà comme adorateurs, que serait-ce donc comme maris ! se récrie la comtesse à l'ouverture que lui fait Gontard de se remarier; je craindrais trop de mal choisir, ajoute-t-elle.

— Eh ! bien, mettez d'abord vos prétendants à l'épreuve. — Cette épreuve est l'intrigue de la comédie. — Donnez une journée à chacun; celui qui vous fera passer la journée la plus agréable sera votre mari.

Idée adroite, pensée charmante.

La comtesse, par désœuvrement et aussi par originalité, accepte cette espèce de gageure, et sans leur proposer directement sa main, ce qu'une femme ne peut faire convenablement, elle offre l'épreuve à ses prétendants; elle n'exclut même pas Gontard du concours. Mais ce dernier n'a pas tout à fait l'air de compter sur la loyale impartialité de sa cousine à son égard: il sait si bien ce qu'a de repoussant pour la comtesse ce vilain qualificatif de roturier ! Et puis comment espérer !

Chacun des prétendants, vous le voyez d'ici, se promet de triompher de ses rivaux. Il y a là une scène assez plaisante: MM. de Luzinay, de Vaugris et d'Artas sont si éloignés de penser que Gontard est leur concurrent, qu'ils viennent à tour de rôle lui demander conseil. Il ne fait, vous le pensez bien, qu'approuver leurs folies.

M. de Luzinay, le sportmann, donnera un steeple-chase dans lequel la comtesse montera le fameux *Duc de Mayenne*.

M. de Vaugris conduira Madame où vont les *petites dames*, au Casino; ce sera piquant pour elle; il la mènera dîner au cabaret avec des artistes, des auteurs et des journalistes; il a imaginé tout un petit roman d'opéra comique Louis XV, avec voleurs, coups de pistolet, arrivée subite d'un sauveur, qui sera lui-même, naturellement, et dénoûment à la satisfaction générale.

M. d'Artas est le plus habile des trois, du moins nous le jugeons tel à cause du plaisir qu'il va nous procurer. Sachant que sa cousine adore la comédie, il donnera une fête magnifique dans son château. Oh! elle aura la comédie, l'opéra et même le ballet, s'écrie-t-il joyeusement.

Cette fête magnifique, c'est le second acte de la pièce; la comédie promise, c'est le proverbe Watteau, intitulé : *une Féerie*, qui se trouve enchâssé dans ce second acte, et dans la comédie entière, comme un diamant dans sa monture d'or, et sur lequel nous reviendrons pour l'examiner en détail, quand nous aurons achevé l'analyse de la comédie principale.

Passons donc immédiatement au troisième acte.

Du palais enchanté de la reine des fées nous sommes tombés dans une mansarde affreuse qu'habite la misère, sous la forme de deux pauvres jeunes filles. Le tableau de cette désolation, pris au vif, n'a que trop de vérité.

Le jour baisse ; Louise, l'aînée des deux enfants, travaille encore pour gagner les vingt sous qui doivent payer le quina et le bouillon de sa pauvre petite sœur malade. Nous sommes dans le moment le plus rigoureux de l'hiver : il fait un froid glacial, le vent siffle à travers les ais disjoints de la croisée, la neige qui tombe, et qui couvre le toit, entre par larges bouffées dans les vides que laissent entr'elles les tuiles. Dans un coin de la chambre, quelques charbons à moitié éteints, qui se consument sans laisser de chaleur dans un petit fourneau de tôle, c'est tout ce que la pauvre Louise a pour se réchauffer. Aussi ses doigts sont perclus ; elle ne peut plus coudre, et pourtant elle n'hésite pas à se dépouiller du pauvre petit fichu qui abrite encore son cou pour en couvrir les pieds de sa sœur. Toutes les douleurs qui assiégent le toit du pauvre : le froid, la faim, la maladie sont là qui rient de leur rire édenté, s'encourageant à l'envi à déchirer leur proie ; le désespoir seul attend encore à la porte, avec la mort, son inséparable compagne ; la honte vient d'entrer avec cette femme infâme qui, pour quelques sous, achète le linge et les habits du pauvre, et propose même de payer l'honneur ! On frémit en lisant cette scène affreuse, en songeant, surtout, qu'il y a tant de ces pauvres créatures déshonorées qui ont commencé comme la protégée de cette nouvelle Macette, pour finir comme elle.

Louise repousse avec indignation le honteux marché de l'entremetteuse.

— Mille fois plutôt le charbon que cette ignominie! s'écrie-t'elle avec un noble élan du cœur. Allez-vous-en, je ne veux plus vous entendre : c'est honteux de me parler de ma sœur malade et de me montrer sa guérison dans mon déshonneur!

Mais, malgré elle, la pauvre enfant a beau repousser les discours de cette femme, il s'en est glissé quelque chose dans son âme. — Je suis jeune! je suis belle! s'écrie-t-elle avec désespoir ; est-il juste que je ne connaisse que les douleurs? Pourquoi n'aurais-je pas ma part de ces plaisirs qu'on dit si enivrants? — Hélas! j'aurais grand besoin de quelqu'un qui me fortifiât, qui me défendît contre le désespoir et les tentations.

La comtesse entre au même instant dans la mansarde, suivie de son cousin Gontard, ou plutôt suivant son cousin Gontard, car c'est lui qui l'a conduite chez les pauvres ouvrières, le jour même qu'elle lui a accordé pour son épreuve.

Aussi, tout d'abord, la comtesse ne comprend-elle pas quel motif son cousin a pu avoir de l'amener dans ce bouge.

— Voyons si vous serez mieux avisé, lui dit-elle, que le directeur de théâtre, le sportmann et les autres ; cela débute mal.

Elle trouve qu'il fait bien froid chez l'ouvrière, que son logement est tout à jour ; puis elle apprend avec étonnement que ce galetas se loue 22 fr. 50 c. par trimestre; qu'une jeune femme ne gagne que vingt sous, que d'autres, même, gagnent moins, tout en travaillant dix-sept heures sur vingt-quatre ; qu'elles se nourissent avec six sous par jour.

La belle comtesse est tellement émue de cette misère, qu'elle pense aussitôt à la soulager, et prend les deux jeunes filles sous sa protection.

— Un moment a suffi pour me transformer,

dit-elle ; j'aperçois le côté sérieux de la vie dont je ne voyais que les frivolités ; je sais maintenant que la richesse est une dette sacrée envers ceux qui manquent de tout ; je comprends mes devoirs, et je me sens digne de les remplir.

Et comme première preuve de transformation de cœur et d'esprit, c'est à Gontard, le prétendant roturier, qu'elle décerne le prix de l'épreuve, car, de son avis, c'est lui qui a réussi le mieux à deviner ses goûts et à lui faire passer la journée la plus agréable. *Rien ne satisfait mieux le cœur qu'une bonne action accomplie.*

Voilà, mon cher directeur, l'analyse un peu longue, un peu diffuse, il est vrai, mais sincère et impartiale de cette pièce essentiellement morale, écrite avec cette prose vigoureuse qui rappelle les beaux vers du théâtre de M. Ponsard. Pourquoi s'étonner de cette similitude de style, quand ce sont les mêmes sentiments nobles, purs, humanitaires et chevaleresques qui inspirent l'écrivain ? Pourquoi sa prose serait-elle au-dessous de sa poésie ? Quelques-uns regretteront que la pièce ne soit pas en vers, comme l'*Honneur et l'Argent*, moi tout le premier, il est vrai ; mais convenons que si nous y avons perdu comme forme, la pensée est toujours aussi belle ; puis il faut se souvenir que ce n'est qu'un cadre, cadre magnifique, il est vrai, et admirablement travaillé, et que la gravure qu'il renferme, c'est la féerie que nous allons étudier à son tour.

Dans tout auteur dramatique sérieux il y a deux hommes à étudier : le poëte et le moraliste. Chez le plus grand nombre ils se confondent : la pensée humanitaire se trouve enchâssée dans la forme poétique ; d'autres fois, le poëte n'est que poëte, comme dans les fantaisies de Shakespeare et les proverbes d'Alfred de Musset. M. Ponsard, dans sa nouvelle comédie, s'est pour ainsi dire partagé. Dans *Ce qui plaît aux Femmes*, le premier et le dernier acte composent ce que nous appellerons le drame moral, souverainement émouvant, à cause même de l'opposition et des images et des pensées. Le deuxième acte, qui renferme la féerie, est l'œuvre seule du poëte : malgré quelques traits échappés à l'âme noble du penseur, il y a donné libre course à son imagination; son vers lyrique, aussi fort que celui de M. Victor Hugo, a plus de nombre, plus d'harmonie; nous n'avions encore lu de l'écrivain que la poésie tragique ou haut-comique, et notre étonnement, notre admiration ont été tels à la lecture de cette œuvre charmante, que non content de la relire vingt fois, nous avons pris le parti d'en faire ce pâle compte-rendu.

Cette féerie est le coin du tableau que l'artiste a soigné avec le plus d'amour pour la grâce et pour l'arrangement de la forme. Que de charmes sont empreints dans ces vers où se jouent tour à tour l'esprit et le cœur du poëte! C'est un beau conte de fées que celui qui ne fait pas consister le mérite de son héros en la beauté du visage et la grâce du corps; qui veut, pour qu'il triomphe, qu'il soit insensible à toutes les séductions de la fortune et des honneurs; qu'il soit toujours fidèle à sa pensée, à l'amour qu'il poursuit jusque dans le pays des chimères.

Le proverbe commence par un prologue. C'est la féerie qui est en scène :

> Reviens, âge de féeries;
> Sur des arbres fabuleux
> Fais germer des pierreries,
> Et chanter des oiseaux bleus.
> Renaissez, nymphes, syrènes,
> Beaux pages, aimés des reines ;
> Sur le tapis de nos scènes
> Effeuillez le merveilleux!

> C'est moi qui créai Peau-d'Ane,
> Et la Belle au long sommeil;

> Moi, qui devant la sœur Anne
> Fis poudroyer le soleil.
> Par ma baguette entr'ouvertes,
> Animez-vous, branches vertes!
> Et vous, sylphes alertes,
> Sortez du bourgeon vermeil!

A cet appel, les fées apparaissent de tous côtés, à travers les arbres et les joncs ; trois d'entr'elles, causant sur le devant de la scène, se demandent à tour de rôle d'où elles viennent ; la troisième répond :

> Moi je viens d'un double baptême,
> Du baptême de deux jumeaux,
> Et je les ai tenus moi-même
> Au-dessus des fonts baptismaux.
> A l'un j'ai donné le génie ;
> Mais l'insulte et la calomnie,
> Dogues hurlants, vont accourir.
> Il sera fier, loyal, sincère ;
> Dans l'amertume et la misère
> Il mourra, content de mourir.
>
> A l'autre, meilleure marraine,
> Donnant la médiocrité,
> J'ai dit : ne crains rien de la haine ;
> Sois un sot ; tu seras vanté.
> Va, gonfle-toi de ta sottise ;
> Monte, rampe, intrigue, courtise
> Et le peuple et les grands seigneurs ;
> De paroles graves et dignes
> Couvre tes lâchetés insignes.
> — A toi l'estime et les honneurs!

Quelle force de pensée! Ne semble-t-il pas entendre claquer le fouet de Juvénal :

> Va, gonfle-toi de ta sottise ;
> Monte, rampe, intrigue, courtise !

Mais après la strophe dithyrambique, l'ode gracieuse et légère vient charmer nos oreilles. C'est la reine des fées qui parle :

> Déjà les brises plus chaudes
> Ont fondu les froids glaçons,
> Et posé des émeraudes
> Sur la pointe des buissons.
>
> . . . .
> . . . .
>
> Pervenches et primevères
> Tendent au moineau mutin
> Leurs calices, légers verres
> Pleins des larmes du matin ;
> Au fond du muguet, qu'il penche,
> Il boit une perle blanche,
> Un saphir dans la pervenche,
> L'améthyste dans le thym.

Après les danses du matin, la reine des fées prenant à part son lutin favori, lui confie le soin de servir ses amours :

> Mon bien-aimé n'est pas de notre race ;
> Il n'est pas né sur le rosier fleuri
> Comme le sylphe ; il ne fend pas l'espace
> Comme un génie ou comme une Péri.
>
> C'est un jeune homme, un enfant de la terre.
> Quand je le vis, tout mon cœur fut troublé ;
> Il s'en alla, me laissant solitaire,
> Et tout mon cœur aussi s'en est allé.

Je prends au hasard dans le trésor ; s'il fallait citer tous les beaux endroits du poëme, j'aurais plus tôt fait de le copier tout entier, car il n'est pas une strophe qui ne soit un chef-d'œuvre de grâce et de poésie, pas un vers qui ne soit frappé au coin le plus pur.

Le poëte s'est fait un jeu de pleurer, de rire, d'être grand, gracieux, gai tour à tour, et de rester toujours, soit dans le sentiment, soit dans la gaîté, à la hauteur de lui-même.

Je ne puis, pourtant, résister au plaisir de

copier les strophes suivantes que l'on croirait de La Fontaine. C'est encore la fée qui parle :

> Va, Lutin, change-toi vite
>   En ermite...
> Juste retour du destin !
> Car souvent la pénitente,
>   Qui le tente,
> Change l'ermite en lutin.

LE LUTIN.

> Bon ! le troc me paraît drôle,
>   Et ce rôle
> Me promet quelque douceur :
> Je brouillerai les familles,
>   Et les filles
> Me prendront pour confesseur.
>
> Aux frais d'autrui je vais vivre,
>   Dans un livre
> Faire semblant de prier,
> Caresser dans la chaumière
>   La fermière,
> Et boire avec le fermier.

L'amoureux de la reine des fées, c'est Olivier ; il arrive attiré par le son des luths :

> . . . . Voici les cercles verts
> Tracés dans le gazon par les filles des airs ;
> Un esprit a dansé sur cette pâquerette
> Dont il a chiffonné la blanche collerette ;
> Ce bouton d'or s'incline un peu ; ce sont des pieds
> Ou de fée ou d'oiseau qui s'y sont appuyés.

Il est à la recherche de l'Amour ; le lutin déguisé en ermite se présente à lui :

> Dieu te garde, bon étranger.
> . . . .
> Qui te fait ainsi voyager
> Aux lieux où nul ne se hasarde ?

Je cherche l'Amour, répond Olivier.

> Sais-tu comment est fait l'Amour,
> Et dans quel pays il habite?

Le lutin, à qui il est permis de tout dire, ne manque pas l'occasion d'un trait de satire :

> Je sais bien qu'il n'habite plus
> Dans le pays du mariage;
> Les notaires l'en ont exclus;
> La dot y règne sans partage.

> Il n'est pas dans le lit des rois,
> Non plus qu'en la vénale alcôve
> Où Laïs tord entre ses doigts
> Ses longs cheveux près d'un front chauve!

Quand je vous disais qu'il y a du Juvénal dans cette pièce, n'avais-je pas raison!

Moyennant qu'il lui donnera quinze ans de sa vie, l'ermite consent pourtant à montrer à Olivier où loge l'Amour.

A son appel, la reine des fées, habillée en bacchante, sort de son palais :

> L'astre qui t'amène
> Dans notre domaine
> Est un astre heureux;
> C'est ici l'asile
> Du plaisir facile,
> Du rire et des jeux.

. . . .

Ton vin est un poison, ta danse est une orgie,

s'écrie Olivier;

> Ta musique, une ivresse où s'endort l'énergie;
> On vieillit, sans vivre, à ta cour.

. . . .

— Arrière! tu n'es pas l'Amour.
Qu'es-tu?
— L'Amour des voluptés.

. . . .

— C'est vers un autre Amour que mon rêve me guide!

Aussitôt l'enchantement disparaît; Olivier reste seul en scène avec le lutin, cette fois déguisé en vieille femme, et qui, moyennant quinze autres années de la vie du jeune homme, consent à lui montrer la demeure de l'Amour.

La reine des fées, sous la forme de la déesse de l'or, paraît à l'appel de la vieille, et montrant à Olivier ses trésors :

Prends tout, lui dit-elle.

Prends tout, plonge tes bras dans ce flot métallique;
De sa pluie opulente arrose les passants;
Ceux sur qui tombera cette averse magique
    Te rendront ton or en encens.

Prends! cela provient-il d'une source honorable?
Que t'importe! et qu'importe à tes hôtes futurs?
C'est un vol que le pain pris par un misérable;
    Mais les milliards sont toujours purs.

. . . .

Tu verras à tes pieds la noblesse arrogante;
Aux filles des Couci tu peux te marier;
Le blason, que salit la roture indigente,
    S'accole à l'argent roturier.

Tu tiens entre tes mains la puissance suprême.
Élève tes flatteurs; abats tes ennemis.
Vices et passions, jusqu'au crime lui-même,
    Tout, jusqu'aux vertus, t'est permis.

Il faudrait tout citer si l'on voulait choisir les beautés dont scintille cette pièce, où le génie d'Ovide s'allie à celui de Juvénal, où la satire éclate à chaque pas, toujours mordante et salutaire, à côté de l'ode gracieuse et badine.

> Ta parole dessèche. . . . . .

répond Olivier;

> Qui donc es-tu, démon fatal: tu ne peux être
> L'Amour.
> — Je suis l'amour de l'or !

L'amour du pouvoir succède à ce dernier; c'est toujours la reine des fées, qui, sous un nouveau costume, éprouve la vertu de celui qu'elle aime. Cette scène est, sans contredit, la plus belle, la plus hardie de l'œuvre.

Que d'orgueils, que de trahisons, que de lâches convoitises, que de mensonges fustigés par le poëte!

> Tantôt j'inspire aux chefs une œuvre grande et forte;
> A leur voix ressuscite une nation morte.
> Tantôt je suis funeste et trouble la raison.
>
> . . . .
>
> . . . .
>
> Va, monte à la tribune, escalier du pouvoir.
> Tu sais comme on procède: on sert les nobles causes,
> Les peuples affranchis, les libertés écloses;
> On proclame le droit en face du devoir.
>
> . . . .
>
> Puis quand on a longtemps enflammé les esprits,
> Quand à l'homme d'État le tribun a fait place,

Sur le feu qu'on soufflait on jette de la glace ;
On prône le respect détruit par le niveau.

. . . .

Bref, on dit le rebours des choses qu'on a dites.
Les jeunes gens sur qui ces exemples descendent,
Devant ce changement énorme se demandent
Ce que c'est que le vrai, s'il est ou s'il n'est pas ;
Si la conviction n'est pas duperie,
Et s'il faut croire au bien, quand son aspect varie
Selon qu'on le regarde ou d'en haut, ou d'en bas.

Nous ne ferons pas de réflexions sur ce morceau ; c'est lui qui a valu à notre poëte l'espèce de persécution à laquelle il est en butte depuis les répétitions de sa pièce. Le poëte a eu raison de dire :

Rien ne sera debout si l'examen est libre !

Aussi ses ennemis se sont efforcés d'enchaîner cet examen, mais ils n'y ont pas réussi. De même que, il y a deux siècles, quand les faux dévots ligués contre le *Tartuffe* essayaient d'étouffer ce chef-d'œuvre à sa première représentation, un grand roi a défendu contre eux l'œuvre et son auteur, un haut personnage, ami lui aussi de la vérité et du talent, a soutenu notre poëte contre les cabales des Tartuffes politiques.

Mais revenons à la féerie. Après avoir rejeté les propositions de l'amour du pouvoir, Olivier trouve enfin le véritable Amour, la femme qu'il cherchait : c'est la reine des fées, qui, satisfaite de l'épreuve qu'elle lui a fait subir, lui rend toutes les années qu'il a données au lutin pour payer ses services, et le prend pour époux.

Tu connais le néant des mondaines ivresses,

lui dit-elle ;

Et ton amour fidèle a bravé leurs caresses;
Je t'aime. — Je te rends tes beaux ans. — Sois à moi!
Venez, mes sœurs. — Esprits, saluez votre roi!

Voilà mon travail achevé, mon cher directeur; ce n'est pas un chef-d'œuvre, je l'avoue ; il est long, beaucoup trop long, mais ce qui fait son seul mérite : il est écrit de bonne foi. Puisse-t-il arriver au but que je me suis efforcé d'atteindre : prouver au poëte que dans la lutte qu'il soutient en ce moment le public est pour lui.

J. GUILLEMAUD.

www.ingramcontent.com/pod-product-compliance
Lightning Source LLC
Chambersburg PA
CBHW070527050426
42451CB00013B/2894